Edition Stars & Storys

VERLAG 66

Eva Mang

Hansi Hinterseer

Vom Spitzensportler zum Superstar.

Edition Stars & Storys

VERLAG 66

IMPRESSUM

2. Auflage 2004

Buch-, Kunst- und Musikalienverlag GMBH
A-3300 Amstetten, www.verlag66.com

Die Edition „Stars & Storys" ist eine Buchreihe des Verlag 66, mit der Intention PR, Promotion und Image der jeweiligen Protagonisten professionell zu unterstützen.

Verfasser: Eva Mang. Erweiterte Sonderausgabe des Magazins „Stadlpost" zum 50. Geburtstag von Hansi Hinterseer, erschienen in der Buchreihe „Edition Stars & Storys" im Verlag 66.

Herausgeber: Verlag 66 GmbH, 2004

Lektorat: Reinhard Wanzenböck / Theo Kust (Verlag 66)

Bildnachweis: Archiv Stadlpost/Eva Mang - „Sonderheft Hansi Hinterseer", Heft 1/2004; Firstlook Productions/Contrast Photo GmbH; Lisa Film Produktion GmbH; Archiv CD Werbeagentur GmbH, Andrea Mayer-Rinner, ORF Bildstelle-Archiv, Terra Film Productions GmbH, Stadtarchiv Kitzbühel/Korn, Peter Korrak, Erwin Schickinger, WAHA-Press, BMG-Moritz Teichmann, Uwe Schwarz, MDR, Peter Bischoff, Stefan Liewehr

Layout, Grafik & Repro: IGG Digital Graphic Productions GmbH, A-3300 Amstetten

Gedruckt und gebunden in Österreich

ISBN 3-902211-15-6

Editorial

Die Edition Stars & Storys ist eine einzigartige
und originelle Fanbuch-Reihe, die den beliebtesten Stars
aus Film, Fernsehen, Musik und Unterhaltung
gewidmet ist.

Hautnah und persönlich, stimmungsvoll und
feinfühlend berichten unsere Autoren über Privates,
Karriere und Erfolge, Lebensweisheiten und
Zukunftsperspektiven der beliebtesten Stars.

Umfangreiche Fotogalerien dokumentieren die
wichtigsten Lebensabschnitte und die tollsten Highlights
aus Leben und Karriere unserer Publikumslieblinge.
Statements von Kollegen, Wegbegleitern, Partnern,
Freunden und Fans vervollständigen schließlich
alles Wissenswerte über unsere Stars mit
interessanten Details.

Wir wünschen viel Lesespaß und Freude
mit den Fanbüchern der ...

Edition Stars & Storys

VERLAG 66

„Wenn ich da oben auf dem Berg bin, dann merke ich, wie die Uhren dort noch ganz anders laufen. Die Dinge, die

den Menschen heute soviel Stress und Hektik bescheren, haben dort oben keine Wichtigkeit."

Hansi Hinterseer

Die Geschichte des Menschen
ist sein Charakter.
Johann Wolfgang von Goethe

Tiroler Natur-bursch mit Charme

Die Quelle der Heimat

als Jungbrunnen für den erfolgreichen Star.

Kindheitsjahre auf der Alm

Glückliche Kindheit auf der Seidlalm,

Hansi mit seiner Lieblingskatze.

Die Jahre auf der Seidlalm

Hansi Hinterseer, der charismatische Tiroler Naturbursche, fasziniert seine Fans mit seiner ehrlichen Natürlichkeit und seinem herzlichen Charme. Charaktereigenschaften, die wohl schon in seiner frühen Jugend durch seine heimatliche Umgebung und durch seinen familiären Ursprung nachhaltig geprägt wurden.

Hansi wurde am 2. Februar 1954 in Kitzbühel in Tirol als uneheliches Kind geboren. Sein leiblicher Vater, Ernst Hinterseer, der berühmte Skirennläufer und Trainer der

Die Seidlalm heute.

Pilgerstätte für alle Hansifans.

österreichischen Ski-Nationalmannschaft, hatte aufgrund seiner aufrechten Ehe andere familiäre Verpflichtungen und so wuchs Hansi unter der Obhut seiner Großeltern Franz und Moidi auf der „Seidlalm“ auf.

Für den touristischen Besucher erscheint die Seidlalm in 1206 Meter Seehöhe wie eine Idylle aus einem Heimatfilm: Das wunderschöne Bergpanorama der Kitzbüheler Alpen, saftige Almweiden mit glücklichen Kühen und eine urig gemütliche Berghütte. Trotz der harten Entbehrungen des mühsamen Almlebens haben diese Kindheitsjahre bei Hansi Hinterseer nur schöne Erinnerungen hinterlassen. „Ich bin meinen Ersatzeltern zutiefst dankbar, dass sie mir so ein Aufwachsen ermöglicht haben. Sie haben mich zu einem sonnigen Gemüt werden lassen, und trotz der

Einfachheit meiner Umgebung habe ich viele wertvolle Erfahrungen machen können." Ein einfaches, beschauliches und naturverbundenes Leben auf der Alm, aber auch harte Arbeit, denn zum großväterlichen Hof zählten über 40 Kühe, 10 Pferde und zahlreiche Ferkel.

Die zentrale Person in Hansis früher Jugend war der Großvater. „An meinen Großvater Franz, der leider viel zu früh verstorben ist, habe ich nur die allerbesten Erinnerungen. Er war ein ganz und gar besonderer Mensch, meine Lebenseinstellung habe ich von ihm abgeschaut. Er war ein einfacher Mann, aber mit einer Herzensbildung, die ich manchem Akademiker wünschen würde. Er war es, der mich gelehrt hat, bewusst mit den Jahreszeiten zu leben, die Natur zu respektieren, und den Wert des

Hier ist Hansi aufgewachsen

und hat seinen Glauben und seine Kraft aus der Natur gefunden.

Lebens zu schätzen." - Eine Lebenseinstellung, die auch heute für den Familienmenschen Hansi Hinterseer steht. Er schätzt das familiäre Zusammensein, die Entspannung im trauten Heim, die gemütliche Atmosphäre zu Hause. Seine Naturverbundenheit führt ihn in den wenigen freien Stunden in die einsame Stille der Bergwelt oder rund um den Schwarzsee. „Wenn ich da oben auf dem Berg bin, dann merke ich, wie die Uhren anders laufen. Die Dinge, die den Menschen heute so viel Stress und Hektik bescheren, haben dort oben keine Wichtigkeit."

Nachdem Hansis Großeltern die harte Almarbeit zu mühsam geworden war, übernahm seine Tante Moidi die Wirtschaft. Der kleine Hansi lernte unter ihrem Einfluss, fleißig seinen Verpflichtungen nachzukommen und gottesfürchtig

Der Wilde Kaiser
prägt monumental das Landschaftsbild.

und bescheiden mit dem entbehrungsreichen Almleben zurecht zu kommen. Da die alten, traditionellen Almhütten Tirols so gebaut waren, dass die Stallwärme den Wohnbereich mitheizte, befanden sich die Schlafräume direkt über dem Stall. Wenn Hansi nicht gerade bei den täglichen Arbeiten am Hofe oder auf der angeschlossenen Jausen-Station mithelfen musste, pflückte er kleine Blumensträußchen und verkaufte sie an einkehrende Wandertouristen.

Von dieser Zeit erzählt auch die folgende Anekdote einer Wiener Touristin: „Ich erinnere mich noch ganz genau. Der Hansi war damals sechs oder sieben Jahre alt - ein süßer Bub mit großen braunen Augen.
Er musste auf der Jausenstation ‚Seidlalm' mithelfen und die Wirtin, seine Tante Moidi, hatte ihn ins Tal geschickt, um Würstel für die Küche zu holen. Hansi war ein pflichtbewusster Bursche und beeilte sich, so schnell wie möglich ins Tal hinunter. Beim Zurücklaufen haben wir ihn getroffen - und er war total verzweifelt. Der Riemen von seinem Rucksack war gerissen und die rund 30 Paar Würstel lagen traurig verteilt auf der Schotterstraße. Was würden die Wirtsleut sagen? Nun, kurz und bündig.
Der kleine Tiroler rührte uns alle so sehr, dass wir gemeinsam mithalfen und jedes einzelne Würstel mit unseren Taschentüchern sauber machten und den kleinen Lausbuben auf die Alm begleiteten. Unsere Gruppe hat damals geschlossen die ‚Wiener Würstel' auf der Seidlalm bestellt, um nur ja keinen Verdacht über das Missgeschick

des Buben aufkommen zu lassen. Damals war das noch der totale Luxus, ein Paar Würstel, aber wir haben es für den kleinen Hansi gerne getan."

Das Leben auf der Alm hatte aber auch seine angenehmen Seiten. So lernte Hansi von dem benachbarten Bauern das Spielen auf der Steirischen Knopfharmonika, was – wie damals noch keiner zu ahnen vermochte – seine spätere Karriere als Musiker begründen sollte. Das gemeinsame Musizieren wurde zu einem bereichernden Zeitvertreib an so manchem eintönigen Abend auf der einsamen Almhütte.
Die Schulzeit war mit Sicherheit für den kleinen Hansi kein einfacher Lebensabschnitt. Täglich der weite Weg zu Fuß ins Tal hinunter, zu jeder Jahreszeit, bei jeder noch so unwirtlichen Witterung. „Ab und zu bin ich ein bisserl zu spät gekommen. Wenn es viel geschneit hat oder wenn's in der Früh noch zu finster war, dann ließ mich die Tante Moidi einfach nicht gehen. - ‚Besser ein bisserl z´spät, als niemals runterkommen!' Eigentlich nicht die richtige Einstellung für einen Skirennläufer, aber für einen Volksschüler allemal."

Hansi Hinterseers Natur- und Heimatverbundenheit wurzelt, wie er selbst gerne immer wieder erzählt, in seiner Kindheit auf der Seidlalm. Seine starke Persönlichkeit, sein herzliches und natürliches Gemüt, sein Familiensinn und seine mitreißende Freundlichkeit sind Charakterzüge, die

Hansi in all seinen Lebensabschnitten stets bewahren konnte und die letztlich auch für seinen sensationellen Erfolg als Publikumsliebling ausschlaggebend sind.

"Ich kann nur jedem eine solche Kindheit wünschen, wie ich sie auf der Seidlalm erleben durfte. Ich hatte alles, was sich ein Kind wünscht: Die Tiere, die Atmosphäre, die Natur. Es gab zwar keinen Fernseher und kein elektrisches Licht, und das Wasser zum Waschen und Kochen mussten wir uns aus dem Brunnen vor dem Haus holen, aber mit der Zeit haben wir uns - meine Großeltern und meine Tante Moidi – ein bisschen Luxus erarbeitet. Auf der Alm betrieben wir ein Gasthaus und oft sind wir mehrmals am Tag mit den Pferden ins Tal gefahren, um Milch, Fleisch und Getränke für die Gäste zu holen."

Tante Moidi begleitet den jungen Hansi auf dem Weg zum erfolgreichen Skirennläufer.

Der jüngste Skirenn-läufer aller Zeiten

Mit seiner jugendlichen Unbekümmertheit konnte Hansi nicht nur siegen, sondern zog auch das Publikum in seinen Bann.

KITZBÜHEL
30

Der große Killy bezeichnet Hansi Hinterseer als den „technisch besten Riesenslalomfahrer der Welt".

Leider bin ich nur bla bla, deshalb mach ich mich ganz rar.

Viel Talent, Fleiß und Disziplin

Kitzbühel war in den 50er Jahren bereits weltberühmt als mondäner Skiort an der Streif. Dieser Skitradition entstammen zahlreiche berühmte Skifahrer von Weltformat, wie Anderl Molterer, Christian Pravda, Hias Leitner, Fritz Huber, Ernst Hinterseer und natürlich Toni Sailer. Wen wundert es daher, dass der kleine Hansi bereits im Alter von 2 Jahren erstmals auf Skiern stand? „Mein Großvater hat mich auf die verschneiten Stiegen des Schlosses Lebenberg hinaufgetragen, und ließ mich kerzengerade hinunterfahren. Wie das genau ausgegangen ist, daran kann ich mich nicht mehr erinnern, wahrscheinlich habe

ich schon den einen oder anderen Stern gerissen, aber vom Skifahren hat es mich jedenfalls nicht abgehalten.“ In späteren Jahren war das Skifahren meist die einzige Möglichkeit für Hansi, von der entlegenen Alm zur Schule ins Tal zu kommen. Die dadurch gewonnene Routine mag dafür ausschlaggebend gewesen sein, dass Hansi zahlreiche Skirennen in der Schule gewann. Schnell hatte sein berühmter Vater, Slalom-Olympiasieger in Squaw Valley (USA) 1960, das enorme Potential des jungen Hansi erkannt, und begann, diesen ehrgeizig zu trainieren. Ernst Hinterseer war damals bekannt für seine strengen, konsequenten Trainingsmethoden, und der junge Hansi war äußerst tapfer bemüht, den hohen Ansprüchen seines strengen Trainers gerecht zu werden. Schnell lernte Hansi, seine enorme Beweglichkeit und Geschicklichkeit effektiv zu nutzen und überraschte die Ski-Fachwelt, als er im Alter von 14 Jahren (!) als jüngster Rennläufer aller Zeiten in den ÖSV (Österreichischer Skiverband) aufgenommen wurde. Die ersten großen Erfolge stellten sich bald ein, allen voran Hansis sensationeller Weltcupeinstieg 1971/72, wo er in Berchtesgaden den 9. Platz erreichte, und beim legendären Lauberhorn-Slalom ebenfalls den 9. Platz errang. Obwohl Hansi die Teilnahme an Olympia 1972 in Sapporo aufgrund seines jungen Alters untersagt wurde, war seine große Karriere nicht mehr aufzuhalten. Er faszinierte sein Publikum mit seiner einzigartigen Beweglichkeit, den katzenartigen Slalomschwüngen und zeichnete sich als fahrtechnisch großartiger Stilist und Ästhet auf Skiern aus.

„Hansi ist der technisch beste Riesenslalomfahrer der Welt", meinte einst der große Franzose Jean-Claude Killy.

Trotz seiner zahlreichen Fans und seiner enormen Beliebtheit beim Publikum blieb Hansi Hinterseer bescheiden und zurückhaltend. Seine Konsequenz und Disziplin mögen ihm vielleicht die eine oder andere Sympathie innerhalb seiner Teamkollegen gekostet haben, sind jedoch direkte Auswirkungen von Erfolgsdruck und Leistungszwang. „Der Hansi war als ‚Streber' verschrien. Wahrscheinlich auch deshalb, weil sein Vater Ernst (in den 70er Jahren Trainer der Nationalmannschaft und somit auch Hansis hochoffizieller Trainer) unglaublich streng und autoritär mit ihm umgegangen ist.", weiß ein Teamkollege von damals zu berichten.
Auch aus heutiger Sicht sind Hansis Erfolge als Skirennläufer der 70er Jahre ganz besonders bemerkenswert, fanden sie doch zu jener Zeit statt, als wahre Legenden wie „Skikönig" Ingemar Stenmark, Gustav Thöni, Piero Gros und Franz Klammer ihre Triumphe feierten.

Hansi musste bald erkennen, dass Sieg und Niederlage miteinander einhergehen.

Einen schicksalhaften Einbruch musste jedoch die Skikarriere von Hansi Hinterseer bei den Olympischen Spielen in Innsbruck 1976 erleben. Eine unglückliche Schulterverletzung führte zum Rennausfall, das Publikum reagierte enttäuscht und verärgert. Für Hansi waren die Folgen durchwegs schmerzhaft: Er hatte gleichzeitig mit dem ausbleibenden Erfolg die Gunst seines Fanpublikums verloren, die Anzahl der Freunde reduzierte sich auf die wenigen echten. Ein prägender Erfahrungsprozess für den jungen Tiroler, der sein künftiges Leben merklich beeinflussen sollte.

Nach seinem letzten Weltcupstart im internationalen Skizirkus, Arosa 1978, wechselte Hansi Hinterseer zum Profilager in die USA. 1981 und 1982 wurde er Profiweltmeister und erreichte zahlreiche weitere Spitzenplatzierungen.

Weltcup-Siege:

1973 Riesenslalom Anchorage
1973 Riesenslalom Val d`Isere
1973 Gesamtsieger im Riesenslalom-Weltcup
1974 Slalom Kitzbühel
1974 Vizeweltmeister im Riesenslalom
1975 Slalom Schladming
1975 Slalom Naeba
1977 Riesenslalom Furano

On Air

Sein Insider-Wissen gibt Hansi seit 1984 als Co-Kommentator an ein Millionen-Fernsehpublikum weiter.

Im Bild mit ORF Sportreporter Norbert Seeger.

Sportmoderator mit Kompetenz und Charme

Seit 1984 kommentiert Hansi Hinterseer zahlreiche Ski-Weltcup-Übertragungen live im ORF - mit Kompetenz, Know-how, Charme und Humor. „Ich werde das Kommentieren aber sofort lassen, wenn ich einmal merke, dass die Läufer fragen, was der ‚alte Depp' überhaupt noch will im Weltcup!“, meint Hansi Hinterseer leicht selbstsarkastisch. Sein hervorragendes Wissen und seine sympathische Tiroler Art machen ihn zum idealen Sportkommentator, der für den ORF viele große Schirennen der technischen Disziplinen co-kommentiert.

Eine Traum-karriere wird wahr

Die große Wende

Sein Entdecker und Mentor Jack White,
der ihn bis heute unterstützt.

Hansi und seine „Ziarchorgel".

Der Einstieg
ins Musikgeschäft

„Mit ein paar Musikern haben wir im Sommer 1993 Jack White`s Geburtstag in Kitzbühel gefeiert. Wir haben den ganzen Abend für Jack aufgespielt. Dann sind wir nach Hause gegangen. Aus Spaß bin ich morgens um fünf mit meiner Ziehharmonika noch mal zu ihm hochgefahren und habe unter seinem Balkon ein Ständchen für ihn gespielt."
Noch ahnte Hansi Hinterseer nicht, dass dies der Start einer Bilderbuch-Karriere werden sollte.

„Drei Tage später bot mir der Erfolgsproduzent einen Plattenvertrag an, von dem ich zuerst nichts wissen wollte. Erst nach drei Wochen und mehrmaligem Drängen von Jack ließ ich mich breitschlagen. Romana und ich flogen kurz darauf zur Hochzeit von Jack und Janine nach Berlin. Nach der Trauung, bei der meine Frau Romana Trauzeugin von Jack`s Frau war, fuhren wir gleich in sein Studio. Dort machte er mit mir eine Stimmprobe und wir unterschrieben auch gleich den Plattenvertrag."

Wenn man Jack White heute fragt, ob Hansi als Sänger genauso professionell ist, wie als Skifahrer, kommt die Antwort wie aus der Pistole geschossen: „Absolut! Hansi ist durch und durch Profi. Er weiß, was zu ihm passt und was

mit seiner Stimme möglich ist. Er kennt seine Grenzen und geht nie über diese hinaus. Genau deshalb hat er Erfolg. Das Publikum spürt diese richtige Selbsteinschätzung."

Der erste Auftritt im Fernsehen – A new star is born!

1994 trat Hansi mit dem Titel „Du hast mich heut noch nicht geküsst" das erste Mal im Musikantenstadl bei Karl Moik in Schladming auf. Rund neun Millionen Fernsehzuseher wurden Zeugen einer unglaublichen Premiere. Das Publikum war begeistert. Die Herzen der Fans in Österreich und Deutschland flogen dem blonden Sunnyboy auf Anhieb zu.

Der erste große Fernsehauftritt im Musikantenstadl Schladming, Februar 1994, brachte den internationalen Durchbruch.

DJ Ötzi und Hansi Hinterseer – gern gesehene Stammgäste bei Karl Moik.

Hansi ist es ganz
wichtig, auch jungen
Musikanten als großes
Vorbild weiterzuhelfen.

Musikantenstadl Bad
Gleichenberg 2002

Die Herzen der Fans in Österreich und Deutschland flogen dem blonden Sunnyboy auf Anhieb zu.

„Du hast mich heut noch nicht geküsst"

Karl Moik zum Phänomen Hinterseer:
„Als ich das erste Mal gehört hab, dass der Hansi singt, dachte ich bei mir - na das kann ja was werden. Ich hab mir vorgestellt wie das wär, wenn der Karel Gott sagen würde, er fährt jetzt Riesentorlaufrennen- aber wie ich dann den Hansi gehört und gesehen hab, da war mir klar: Da kommt was ganz Großes auf die Showbranche zu. Ich freu mich für den Hans, er hat in unserer Musikszene alles erreicht und ist immer der geblieben, der er war - ein netter, bescheidener Bursch, der weiß, was er seinen Fans verdankt."

„Warum singst Du auf Deutsch und warum solche Schnulzen", wurde Hansi Hinterseer von Journalisten gefragt. Hansis gnadenlos ehrliche Antwort: „Weil´s mir so am besten gefällt!"

A new star is born.

„Ich sing von meiner Heimat, meinen Bergen und von Dingen, die ganz tief aus dem Herzen und der Seele kommen."

Hansi auf die Frage, warum er nicht englischsprachige Texte singt: „Schau ich sing von meiner Heimat, meinen Bergen und von Dingen, die ganz tief aus dem Herzen und der Seele kommen - das muss ich in meiner Muttersprache tun. Ich würd´s sonst nicht ehrlich rüberbringen. Außerdem will ich ja, dass mich genau die Menschen verstehen, die genug haben von der ganzen Musik, die aus Amerika rüber kommt."

Man hat von Anfang an sofort bemerkt, dass Hansi das was er tut, gerne tut. Anfangs belächelt von selbsternannten Kritikern, ließ sich Hansi nie aus seinem Konzept bringen. Durch seine natürliche und liebenswürdige Art ist der vielseitige Kitzbüheler seinem Ruf eines charmanten Frauenschwarms immer wieder gerecht geworden. Starallüren sind ihm bis heute fremd.

Durch seine natürlche liebenswürdige Art ist der vielseitige Kitzbühler seinem Ruf eines charmanten Frauenschwarms immer wieder gerecht geworden.

Es ist Hansis „Wahnsinns-Persönlichkeit"

Es ist Hansis „Wahnsinns-Perönlichkeit" (wie es ein ehemaliger Plattenmanager nannte) und das unterschwellig Sexuelle, das Hansi zweifellos gerade seinem weiblichen Publikum auf unnachahmlich saubere Weise anbietet. Einige verglichen ihn mit Roy Black - mittlerweile hat Hansi dessen Erfolg bei weitem überflügelt. Wahrscheinlich ist es die Einigkeit „Schlager-Seeligkeit und Heile Welt", die Hansi Hinterseer verkörpert und zwar nicht nur auf der Bühne, sondern tagtäglich im echten Leben.

Hansi und sein weibliches Fanpublikum

Hansi versetzt Frauen ins Träumen und Schwärmen. Wie vor ihm Gary Grant, Roy Black oder Julio Iglesias. Alle diese

Hansi mit Carmen Nebel, die ihm in enger Freundschaft verbunden ist.

Auf der Bühne fühlt sich der blonde Tiroler einfach wohl.

Männer hatten eine ganz besondere Ausstrahlung, gaben ein unausgesprochenes Versprechen, das in Frauenherzen scheinbar einen bestimmten Mechanismus auslöst. Wo aber liegt das Geheimnis?

Der Charme:

Hansi lächelt, strahlt und erwärmt mit seinem sonnigen Gemüt weibliche Herzen: Das originelle Tirolerisch, der

unwiderstehliche Charme kombiniert mit elegant gezähmter Kraft eines Naturburschen.

Die Stimme:
Hansi hat keine perfekt ausgebildete Gesangsstimme, dafür aber eine liebenswerte Natürlichkeit, die in jedem Ton Sanftmut und Verständnis vermittelt.

Das Auftreten:
Schon auf den ersten Blick steht Hansi für Selbstsicherheit. Er ist ein Siegermensch, kraftvoll, energisch, zielstrebig, und vermittelt dadurch Sicherheit und Geborgenheit – die starke Schulter zum Anlehnen.

Hansi ist auch bei seinen Kollegen in der Musikbranche sehr beliebt.

Die Gesamterscheinung:
Ein sportlich durchtrainierter Körper, kraftvolles Haar, ein freundliches Lächeln, funkelnde Augen und eine sanftmütige Stimme.

Trotz zahlreicher eindeutiger Angebote weiblicher Fans bleibt Hansi konsequent:
„Ohne meine Familie wäre ich nix. Nie würd ich dieses Glück für eine lustige Nacht auf´s Spiel setzen. Frauen, die das nicht respektieren können, müssen sich halt ein anderes Idol suchen."

Geraldine Olivier fand für ihren Kollegen nur Worte des Lobes.

Wie hält Hansi sicht fit?

Hansi ist in seiner Lebensführung ungemein diszipliniert. Wann immer es seine Zeit erlaubt geht er morgens Laufen, danach Wechselduschen, und abschließend gibt es ein gesundes Frühstück mit Obst und frisch gepressten Säften. Ganz wichtig ist ein positiver Gedanke, der ihn für den restlichen Tag begleitet. - Also alles Natur? - „Natur pur! Kommt sicher viel von meiner Sportlerei, ich rauche nicht, ich trinke selten Alkohol und achte wirklich darauf, was ich esse!"

Hansi ist ein Frischluft-Freak. Sobald es die Witterung erlaubt, ist er entweder mit dem Mountainbike oder mit den Laufschuhen am Berg. Man kann ihn allerdings im Sommer auch früh morgens oder abends am Tennisplatz antreffen, am liebsten geht Hansi in der warmen Jahreszeit jedoch auf den Golfplatz.

Seine Texte und Melodien lassen Herzen höher schlagen.

Gänsehaut-Titel wie „Sieben rote Rosen", „Amore Mio" oder „Dann nehm ich Dich in meine Arme" sprechen in erster Linie Frauen an. Hansi berührt damit die Frauenseelen und wird so zum personifizierten Frauentraum. Man könnte meinen, dem Hansi kann keine widerstehen. Danach gefragt, antwortet Hansi lachend: „Ich bin nicht größenwahnsinnig - ‚Der schöne Hansi kriegt sie alle' - davon bin ich weit entfernt. Schon als Teenager hab ich Mädls angesprochen, bei denen ich gar nicht landen konnte"

Hansis unbestechliche Berater:

Kein Team von Kreativ-Gurus, Trendforschern oder Marketingspezialisten berät den blonden Tiroler – nein, es ist

auch beim Musikmachen so, wie es gar nicht in die Lehrbücher unter das Kapitel „Wie machen wir einen erfolgreichen Star?“ passt. Hansi verlässt sich seit nun mehr als zehn Jahren auf folgende unbestechliche Berater:
Sein Bauchgefühl, seine Ehefrau Romana und Jack White, den Produzenten, der Hansis Potential glasklar erkannte.

„Singen ist für mich keine Arbeit, sondern Freude!“

Ein Satz, den man von Künstlern heutzutage nicht mehr sehr oft hört, von Hansi ehrlich und offenherzig ausgesprochen.

„Mir wurde diese zweite Karriere geschenkt. Ich hätt mir nie gedacht, dass ich als Sänger auf einer Bühne stehen kann. Eigentlich kann ich ja gar nicht singen! Ich hab ja gar keine gute Stimme. Jeder Tag, an dem ich diesen Job machen darf, ist für mich wie ein Geschenk. Es gibt nicht viele Menschen, die mit dem, was ihnen Spaß macht, genug Geld verdienen und gleichzeitig erfolgreich sind. Ich nehme diese Fügung dankbar an und bemüh mich halt für meine Fans das Beste zu geben.“

Im Bild mit den weltberühmten Figuren von Walt Disney.

In Florida schunkelten Hansi und Karl Moik mit der süßen Minnie Mouse auf der Stadl-Bühne.

Kitzbühel

On Tour

Open Air, Kitzbühel 2003.

„Singen ist für mich nicht Arbeit, sondern Freude."

Für seine Fans hat der beliebte Sänger
immer Zeit und ein offenes Ohr.

Jedes Hansi-Konzert
bedeutet volle Ränge.

Das ultimative Fan-Erlebnis

Wenn Hansi einmal im Jahr seine Tour beginnt, sind meist alle Hallen bereits restlos ausverkauft. Seine 30-köpfige Crew besetzt der Tiroler Superstar nach Möglichkeit immer mit den gleichen Personen, denn der aufwendige Aufbau von Bühne, Lichtanlage, Bildmonitoren und Verstärkern benötigt ein professionelles und bestens eingespieltes Team. Während dieser Aufbauarbeiten hat Hansi Zeit, sich auf den bevorstehenden Auftritt vorzubereiten, Telefonate zu führen oder einfach nur die Zeitung zu lesen. Nachdem die Musiker vom „Tiroler Echo“ und die Chormädls Brigitte und Daniela eingetroffen sind, überzeugt sich der Chef persönlich aus jeder Position der Halle, dass die Ton- und Lichtqualität seinen Ansprüchen gerecht wird. - „Ich

will, dass die Leut zufrieden sind. Sie sollen für ihr Geld das Beste bekommen, das ist unser Job."

In der Zwischenzeit hat der Cateringboss Chris Finn im Backstagebereich schon das Abendessen für das gesamte Team vorbereitet. Er, der schon für Showgrößen wie Prince allerlei Köstlichkeiten zubereitet hat, gehört schon fast zum Inventar.
„Wenn man so viel unterwegs ist wie ich, dann kann man das Kantinen- und Hotelessen irgendwann mal nicht mehr sehen. Außerdem ist die Kost meistens sehr ungesund und das nimmt den Körper auf so einer Tour ganz schön her. Chris versteht es, uns täglich mit frischen, gesunden und vor allem schmackhaften kulinarischen Überraschungen bei Laune zu halten. Ja, und die Laune, die ist auf einer Tour, wo man tagtäglich mit den selben Leuten auf engstem Raum beisammen ist, sehr wichtig."

Telefonate mit seinen Mädels daheim gehören zum Touralltag.

Chris Fin sorgt als Cateringchef bei allen Hansi-Tourneen für ausgewogene und gesunde Kost.

Hansi bevorzugt Nudeln, Fisch und leichte Süßigkeiten - und selbstverständlich muss genügend Obst da sein, denn das hält seinen Stoffwechsel in Topform. Für eben diese Topform ist auch ein weiterer Verantwortlicher zuständig – der legendäre „Czappi“.

Bereits seit Hansis Zeit als Skirennläufer ist der Masseur Johann Czappek um das körperliche Wohl des Musikstars bemüht. Die 45-minütige Ganzkörpermassage bewirkt nicht nur die Entspannung von Hansis Muskeln, sondern beeinflusst auch die Stabilität des Nervengerüsts.

Das „Tiroler Echo“ - der professionelle und charakteristische Hansi-Sound unter der Leitung ihres Bandleaders Luis Plattner: Gerhard Kometer (Gitarre und Gesang), Helmuth Mühringer (Posaune, Trompete, E-Bass), Othmar Pichler

Das Tiroler Echo.

(Harmonika und Keyboard), Paul Tolloy (Schlagzeug) und Luis Plattner (Sänger, Steirische Harmonika, Klarinette, Saxophon und Flügelhorn). Seine „Manda“, wie Hansi sie gerne nennt, sind hochqualifizierte Spitzenmusiker, die ihre Instrumente perfekt beherrschen. Profis genug, um den Hansi mit ihren Klängen zu unterstützen und - sollte es mal notwendig sein - auch mal „rüber zu tragen“, wie man in Fachkreisen sagt.

Ein absolut perfektes Team, in dem Loyalität und echte Freundschaft den höchsten Stellenwert einnehmen: „Wenns einem von uns mal nicht so gut geht, dann ist der Hansi immer für uns da, er ist der Erste, der helfend einspringt.“

Luis Plattner –
Freund, Kollege und
Weggefährte.

Ein Künstler,
wie für die Bühne geschaffen.

Wenn das Publikum so richtig mitgeht, dann läuft Hansi zu seiner Höchstform auf.

Echte Hansifans können
jeden Liedtext mitsingen.

Hansi, wie man ihn kennt, lächelnd auf der Bühne.

Das Tennis Stadion in Kitzbühel ist bei Hansi-Konzerten immer bis zum letzten Platz ausverkauft.

Mit den Topstars der Szene
auf der Bühne. Vlnr: Die Ladiner,
Stefanie Hertel und Stefan Mross,
Francine Jordie und „Die Seer".

Hansi einfach zum „Niederknien".

Die „Zellberg-Buam" –
Kollegen aus dem Zillertal.

Hansi Hinterseer live

Jeder, der das erste Mal bei einem Live-Auftritt des blonden Sängers dabei sein konnte, war in erster Linie von der unglaublichen Stimmung der Konzertbesucher begeistert.

Es ist wie ein Zauber: Hansi hat einen unvergleichlichen Draht zu seinem Publikum. Im Handumdrehen wird aus dem „Ich sing hier oben für euch da unten"-Ablauf ein interaktives Rollenspiel zwischen alten Bekannten. Die Menschen tanzen ausgelassen zwischen den Sesselreihen und vor der Bühne. Wenn Hansi dann durch die Reihen schreitet, ausgewählte Fans singend herzt und die zahlreichen Geschenke und Blumensträuße übernimmt, betont

Das Gefühl bei den Hansi-Konzerten: Wir sind alle eine Familie.

er damit die freundschaftliche Nähe ohne peinliche Distanzlosigkeit. Dieser „Wir sind alle eine Familie"-Effekt und das „Ich bin für Dich da"-Gefühl, das Hansi jedem Einzelnen gibt, gipfelt am Ende jedes Auftritts in minutenlangen Standingovations und nicht enden wollenden Zugabe-Sprechchören.

„Ich bin für euch alle da!", scheint der Star hier zu sagen.

Gänsehaut-Feeling

„Leitln, ihr seids einfach bärig. Zu euch komme ich gerne immer wieder!“, verspricht Hansi aus tiefstem Herzen dem frenetisch applaudierenden Publikum. - „Man muss es ihm einfach glauben“, seufzt ein weiblicher Fan, der bisher keine einzige Hansi-Show in Görlitz verpasst hat, und überreicht ihrem Idol passend zu dessen Erfolgsschlager „sieben rote Rosen“.

Vor der Bühne steht sie nicht alleine. Geduldig sammelt der charmante Sänger die blühende Pracht ein, drückt jedem ganz fest die Hand. Stets mit seinem mitreißend freundlichen Lächeln, das auch nach 3 Stunden Live-Konzert für seine Fans immer noch nicht ermüdet ist.

Görlitz danach. 2000 Menschen gehen an diesem Abend

Zu den Kindern hat der zweifache Vater eine besonders enge Beziehung.

Hansi geht ganz besonders herzlich auf seine Fans zu.

glücklich nach Hause. Für ein paar Stunden konnten sie den Sorgen und Mühen des grauen Alltags entfliehen, in die Traumwelt von Hansis Bergen und Gefühlen.

„Manchmal glaub ich immer noch, das kann es nicht geben. Seit fast zehn Jahren bin ich jetzt schon im Musikgeschäft und mein Publikum hat entschieden, dass es ihm gefällt, was ich mach und wie ich´s mach. Das ist ein irrsinnig schönes Gefühl!“

Eine weitere „Goldene" in der Edelmetallsammlung des Kitzbühelers.

Echo-Verleihung 2004

Auszeich-nungen

Hansis Auszeichnungen in der Musikszene

Es gibt keine Auszeichnung im deutschsprachigen Musik- und Showgeschäft, die Hansi Hinterseer noch nicht gewonnen hätte. Das „irrsinnig schöne G'fühl" hat er sicher auch bei jeder Auszeichnung, die er entgegen nimmt.

Ein Auszug aus unzähligen Gold- und Platinverleihungen:
Erste Platinverleihung in Österreich für das Album „Wenn man sich lieb hat“ - 1996, dann folgten 19 Gold- und 7 Platinverleihungen; Hitparaden-Siege in Serie bei Caroline Reiber, Andy Borg und Carmen Nebel. 6 „Goldene Stimmgabeln“; zahlreiche Echo-Nominierungen von 1997 bis 2003 für den „Erfolgreichsten Sänger“; 1997 wurde er mit dem „Goldenen Roy“ ausgezeichnet; für den beliebtesten TV-Show-Master wurde ihm der österreichische Publikumspreis „Romy“ verliehen.

Milka

Die Hansi Fans

Seine Fans - hier aus dem Elsass - tun
alles für ihren „Hans im Glück".

Hansi-Hinterseer-Fanclub Seniorenresidenz Bad Alexandersbad

Die Alloheim Senioren-Residenz Bad Alexandersbad hat einen eigenen Hansi Hinterseer-Fanclub. Schön gerahmt ziert die Gründungsurkunde ein Plätzchen an der Wand der sonst eher nüchtern anmutenden Ergotherapie. Hier strahlt der Star der volkstümlichen Musik von allen Seiten - auf Plakaten, Autogrammkarten, Postern und Kalendern. Zu besonderen Anlässen lächelt er auch auf Elke

Nötzolds Brust, denn dann trägt die Fanclub-Gründerin ihr Hansi Hinterseer-T-Shirt. Die 52-Jährige bringt mit ihrer Leidenschaft einen Hauch von Starkult in die Senioren-Residenz.

„Ich bin totaler Fan", bekennt die lebhafte Frau und lacht herzlich, wenn sie von ihrer „Fan-Karriere" erzählt. Und ein „total echter Fan" fährt, wenn irgendwie möglich, alljährlich zu Pfingsten in das österreichische Niederndorf, denn dort spielt der Hansi Fußball in der Prominentenmannschaft beim Benefizturnier. Selbstverständlich besitzt der „total echte Fan" alle Hansi-CDs und hat sich zuhause ein absolut perfektes „Hansi-Zimmer" eingerichtet.

Mit dem Alloheim Hansi Hinterseer-Fanclub hat sich die Ergotherapeutin ihren Traum verwirklicht. Hier hat der ehemalige Skirennläufer seine meisten Fans. „Hansi ist so fröhlich, das gefällt mir so gut," freut sich Berta Prell. Die 76-jährige Bewohnerin der Senioren-Residenz ist jetzt begeistertes Mitglied des hauseigenen Fanclubs.
Von den 160 Bewohnern der Residenz sind unterdessen 25 dem Fanclub beigetreten. Die weiblichen Fans sind in der Überzahl, nur vier Männer bekennen sich zu Hansi Hinterseer. Stolz tragen die Fans ihre Club-T-Shirts, auf denen hinten das Alloheim-Logo und vorne natürlich Hansi lächelt.
Der Fanclub bringt neues Leben in den Alltag der alten Menschen. Für die Zukunft plant Nötzold regelmäßige

Ein Fanclub der ganz besonderen Art –
das Alloheim in Bad Alexandersbad.

Treffen, bei denen sie die aktuellsten Infos rund um Hansi liefern wird. Dann erfahren die Fans, ob Hansi bei seiner nächsten Tournee auch in ihre Nähe kommen wird. Nötzold hofft, in Zukunft auch mit einigen der Bewohnerinnen Konzerte besuchen zu können. Damit dann alle Fans auch richtig laut und stimmungsvoll mitsingen können, studiert sie mit ihnen Hansi-Hits ein, die auch auf dem Alloheim-Sommerfest gesungen werden.

Elke Nötzold würde gerne während der Therapiestunden mit den alten Menschen die Fanpost erledigen. „Das habe ich mir vorgenommen", betont sie. Sie hat sich ebenfalls als Ziel gesetzt, Hansi in die Senioren-Residenz einzuladen.

Martina Nouvortne - ein echter Vollblut-Fan:

Martina ist die Leiterin des größten Hansi Hinterseer-Fanclubs Europas und „lebt für ihr Idol". Wenn Fans und Journalisten mal nicht weiterkommen in ihrer Recherche über Hansi, dann wählen sie die Telefonnummer von Martina - so sie nicht schon vorher auf der unglaublich gut recherchierten und aktualisierten Homepage der Lahnsteinerin fündig wurden.

Hansi wird von der Zuneigung seiner Fans regelrecht überschüttet.

Seine Fans sind seine Freunde, seine Freunde seine Fans.

EM: Martina, was gibt es Neues über Hansi bzw. was habt ihr für dieses Jahr geplant?

Martina: Für mich ist der Höhepunkt in diesem Sommer sicher wieder das Hansi Open Air in Kitzbühel. Auch die Fanwanderung werde ich, wie jedes Jahr mitmachen. Da wird Hansi auch sein neues Album 2004 präsentieren. Wie immer - das erste Mal für die Fans - die Presse muss warten.

EM: Wie viel Zeit wendest Du für deine Tätigkeit als Fanclubleiterin auf?

Martina: Ich kann das nicht genau sagen. Der Hansi ist der Mittelpunkt meines Lebens. Ich weiß alles über ihn, seine Lebensgeschichte, seine Familie und seine Freunde, und

wenn ich mal was ganz Spezielles brauche, dann ruf ich den Hansi einfach an. Ich war schon 1994 in Kitzbühel, wie er in einem kleinen Zelt mit einer erlesenen Schar von Freunden seine erste Platte präsentiert hat. Damals hat sich keiner gedacht, dass aus dem Hansi so ein Superstar wird. Ich habe damals einfach von allen die Telefonnummern eingesammelt und alles, was jemals über Hansi Hinterseer geschrieben wurde, zusammen getragen. Somit verfüge ich wahrscheinlich über das größte Hansi Archiv Europas.

EM: Über Hansi wird oft gesagt, dass er nichts Privates erzählt?

Martina: Na ja, so kann man das nicht sagen. Hansi überlegt einfach ganz genau, wem er was sagt. Er hat ein gutes Gefühl dafür, was er seiner Familie zumuten kann und was nicht, ohne seine Fans zu beleidigen.

EM: Was gefällt dir eigentlich an Hansi am besten?

Martina: Eigentlich gefällt mir der Hansi immer. Aber ich meine am wohlsten fühlt er sich am großen Fanwochenende in Kitzbühel, denn da ist er daheim, kennt alle und alles - wie er es ausdrückt: „Da passt einfach alles bärig!"

Sogar in Holland kennt und liebt man Hansi.

Ein Star, der keine Berührungsängste kennt. Für ein Erinnerungsfoto nimmt er sich immer Zeit.

Echte Fans scheuen weder Mühen noch Kosten, um ganz persönliche, ausgefallene Glückwünsche für den „bärigen" Hansi zu gestalten.

STREIF-
WANDERER

SSEN
HANS!

Wenn der Berg ruft

Die legendäre Fanwanderung mit Hansi Hinterseer

Alle Jahre wieder lädt Hansi seine Fans in den Tagen vor seinem faszinierenden Openair-Konzert in Kitzbühel zu einer romantisch musikalischen Wanderung in die Berge seiner Heimat. Das Megaereignis für die zahlreichen Fans,

den Superstar hautnah und privat zu erleben. Die einmalige Berglandschaft und die bodenständige Natur verbinden die Fans und ihren Star auf freundschaftlich familiärer Ebene. Einzigartig in der Musikszene, die Offenheit und der direkte Kontakt, den der große Musikstar Hansi aus

Die Schar der
Wanderfreunde wird
von Jahr zu Jahr größer.

seiner tiefen, ehrlichen Verbundenheit heraus zu seinen Fans pflegt. Mit Musik und guter Laune führt Hansi seine „Fan-Familie“ über bunte Almwiesen, vorbei an den wunderschönsten Panoramablicken der Kitzbüheler Alpen.

Impressionen eines einzigartigen
Fanevents auf den schönen
Bergen Kitzbühels.

Der TV-Star

Eine Drehpause nützt Hansi,
um sich kurz zu entspannen.

Die eigene Fernsehshow

Bereits seit 1996 produziert Hansi Hinterseer seine eigene TV-Show „Herzlichst Hansi Hinterseer“. Von der ersten Drehstunde an dabei, das Team der Interspot Film Wien, rund um Purzl Klingohr. Der Regisseur Stefan Pichl, Drehbuchautor Edi Ehrlich und Kameramann Harald Mittermüller sind ein kongeniales Kreativteam, das Hansi ganz genau kennt und seine Stärken optimal in Szene setzt. „Mein Team und ich arbeiten super zusammen. Am Set verstehen sich alle prächtig und ich finde, das sieht man auch an den Resultaten.“

Das Rezept des Erfolges scheint so einfach und trotzdem sind die Hansi Hinterseer Shows jedesmal etwas ganz Besonderes. Das zeigt sich nicht nur an den Zuseherzahlen und den hohen Symphatiewerten nach jeder Ausstrahlung. Mehr als zwanzigmal flimmerte „Herzlichst Hansi Hinterseer“ schon über die Bildschirme der Österreicher. Hansis große Open-Air-Shows aus Kitz wurden 1998, 2002 und 2003 ebenfalls ins Hauptabendprogramm übernommen und bewiesen sich als echte Quoten-Hammer. In Deutschland erzielte Hansi aus dem Stand die Traumquote von 6,6 Millionen Zuseher! - und ließ damit den im Konkurrenzkanal laufenden Wolfgang Petry weit hinter sich. Hielt sich Hansi zu Beginn der Aufzeichnungen immer im engeren Raum seiner Heimat auf, so schwärmten er und sein Produktionsteam zusehends weiter aus, um so die schönsten Kulissen für

Lästige Pflichten beim Filmarbeiten unter der Sonne Italiens – Das Makeup wird korrigiert.

seine musikalischen Gäste zu finden. „Ich hab das große Glück, alle Entscheidungen, betreffend der Festlegung der Region, aber auch in der musikalischen Zusammensetzung selbst treffen zu können." Daher kam die Show auch schon aus dem Mittelmeer-Raum, aus Griechenland und unlängst sogar aus der Toskana.

Übersicht aller Hansi-Shows und Drehorte: „Herzlichst Hansi Hinterseer"

Spezial: 28.03.1996 Herzlichst Hansi Hinterseer - Spezial: Kitzbühel

Folge 1: 27.05.1996 In Tirol, daheim und unterwegs mit Musik und Freunden: Deutschland–Köln–Fantasyland

Folge 2: 22.08.1996 In Tirol, daheim und unterwegs mit Musik und Freunden: Kärnten–Wörthersee–Minimundus

Folge 3: 17.10.1996 Bei Tirolern und Bayern: Tirol, Südtirol, Münchner Viktualienmarkt, Hofbräuhaus, Sportanlage des FC Bayern, Oktoberfest

Folge 4: 20.02.1997 In Tirol, daheim und unterwegs

mit Musik und Freunden:
Kitzbühel–Hahnenkamm

Folge 5: 17.04.1997 Gruezi aus der Schweiz: Grünwald, Hexenkogel, Luganosee

Folge 6: 09.10.1997 Pferdestärken und Bergeshöhen: Tirol

Folge 7: 05.02.1998 Best of Revue

Folge 8: 26.04.1998 In der Steiermark: Graz, Knittelfeld, Piber, Stainz

Folge 9: 25.10.1998 Schiff ahoi: Genua, Capri, La Valletta (Malta), Tunis, Catania (Sizilien)

Folge 10: 28.08.1999 Sagenhafte Burgen und Schlösser: Inntal in Tirol.

Folge 11: 05.12.1999 Advent in den Bergen: Westendorf im Brixental

Folge 12: 11.03.2000 WM- Fieber in St. Anton

Folge 13: 04.06.2000 Die Höhepunkte der beliebten Fernsehshow - Best of 1999/2000

Folge 14: 18.11.2000 Griechenland: Eine Reise zur griechischen Insel Kreta

Folge 15: 10.06.2001 Beim Zirkus: Nationalcircus Louis Knie - Wien

Folge 16: 25.11.2001 Von Innsbruck in den Vinschgau: Hafelekar–Innsbruck–Südtiroler Vinschgau

Folge 17: 07.07.2002 Einladung nach Osttirol: Lienz/Schornstein–Triestacher See bei Lienz–Hochpustertal, Innervillgraaten–Obertilliach–Defreggental–Jagdhausalm im Nationalpark

Hohe Tauern–Nationalpark Großglockner/ Großvenediger–Umbal Wasserfälle im Nationalpark–Europapanorama–Weg in Kals am Großglockner

Folge 18: 10.11.2002 Hans im Glück im Burgenland: Neusiedlersee–Seewinkel, Eisenstadt, St. Margarethen, Rust, Mörbisch, Apetlon

Folge 19: 01.12.2002 Hits und Stars mit Hansi Hinterseer: (Best of)

Folge 20: 15.03.2003 Hansi trifft Johannes Heesters im Stubaital: Eiwand Pinnistal, Skihauptschule Neustift, Stubaier Gletscher, Fulpmes

Folge 21: 05.11.2003 Hansi trifft seine Gäste an den schönsten Plätzen der Toskana: Piazza del Campo in Siena, Montepulciano, Orcia–Tal und Kloster Sant' Anna in Camprena

Hansis Filmcrew begleitet ihn in die herbstliche Toskana.

Die Fernsehverantwortlichen haben erkannt, dass Hansi ein Garant für sensationelle Einschaltquoten ist. Auch im ZDF wird seine Show erfolgreich ausgestrahlt. Hatte man in Deutschland anfangs Zweifel, ob der Sänger mit seinem starken signifikanten Tiroler Akzent vom Publikum auch als Moderator angenommen werde, sind mittlerweile alle Unkenrufe, wie „Hansi solle Hochdeutsch lernen", verstummt. Seine Fans lieben Hansis „echt bärigen Tiroler Spruch" - diese Art zu reden gehört einfach zu seinem Image.

Der Filmstar

Hansis Filmehefrau im ersten Teil der Heimatfilm-Trilogie, Karina Thayenthal.

Die Wiedergeburt des Heimatfilms

Nach den ersten zaghaften filmischen Gehversuchen in einer Nebenrolle in „Treffpunkt Kitzbühel - kleiner Schikurs mit Toni Sailer“ 1963, musste Hansi fast 25 Jahre warten, bis er wieder als Schauspieler tätig sein konnte. Otto Retzer bot Hansi in der Filmkomödie

„Hochwürdens Ärger mit dem Paradies“

eine Arztrolle an. Das Team der LISA-Film bewies wieder einmal ein Händchen für die Quote. Bei der Erstausstrahlung im ORF sahen mehr als 1,4 Millionen Zuseher Hansi

Publikumslieblinge am laufenden Band: Hansi mit Dagmar Koller, Hans Clarin, Götz Kauffmann, Eva Habermann uva.

Hinterseer neben Stars wie Hans Clarin, Herbert Fux, Götz Kauffmann, Dagmar Koller und Eva Habermann in der Rolle des feschen Arztes Dr. Hans Seefellner. Eine Frauenphantasie wurde realisiert: Der blonde, braungebrannte Hansi im weißen Arztkittel. – Das romantische Happyend bildet eine Traumhochzeit vor der Kulisse des Wörthersees. Hansi heiratet Lisa (Eva Habermann) und wenn sie nicht gestorben sind ...

Im Jahr 2000 realisiert Norbert Blecha mit seiner Terra-Film Produktion den ersten großen Spielfilm mit Hansi in der Hauptrolle:

„Da, wo die Berge sind"

In dieser wundervollen TV-Produktion spielt sich Hansi in abgewandelter Form quasi selbst. Er mimt Hansi Sandgruber, einen ehemaligen Skirennläufer, der nach dem plötzlichen Unfalltod seines Vaters einen Wildpark erbt und sich damit nicht nur den eigenen Bruder endgültig zum Todfeind macht, sondern auch die eiskalte, aber in Hansi immer schon verliebt gewesene Geschäftsfrau Viktoria Perterer (Anja Kruse) herausfordert. Sie will nämlich auf dem Areal eine disneyartige Freizeitanlage errichten und glaubt an ein leichtes Spiel, weil sie dem verstorbenen Vater von Hansi seinerzeit fünf Millionen geborgt hat.

„Ich will dich haben, Hansi" - stöhnt Anja Kruse bei einem schönen Abendessen. Doch der Kitzbüheler bleibt

Während der Dreharbeiten am Hahnenkamm arbeitete das Team tw. bei Temperaturen von Minus 20°C.

hart und gibt der verführerischen Frau einen Korb. Eine Schlüsselszene in Hansi Hinterseers erstem großen Spielfilm.
Der vom österreichischen Regisseur Kurt Ockermüller („Tatort“, „Schlosshotel Orth“, etc.) inszenierte Heimatfilm ist spannend bis zum Schluss und wartet neben der Titelmusik von Hansi Hinterseers CD „Amore Mio“ auch mit jeder Menge prominenter Darsteller auf: Anja Kruse, Julia Biedermann als Hansis Verlobte, Karina Thayenthal, die sympathische Krankenschwester aus der TV-Serie „Der Landarzt“, als Hansis Jugendliebe. Skilegende Toni Sailer ist Hansis Onkel. Und noch eine Herzdame von Hansi gibt in der Produktion ihr Filmdebut: Hansis bezaubernde Tochter Laura (damals gerade 11). Sie arbeitet unter dem Künstlernamen Laura Ferrari und hat das Talent vom Papi und den Charme der Mami geerbt.
„Es war bei den Dreharbeiten bitter kalt, bis minus 30 Grad“, erinnert sich Hansi Hinterseer. „Da waren schon einige Gläser Glühwein nötig.“ Anja Kruse wollte bei einer Szene partout nicht auf ihre Stöckelschuhe verzichten, obwohl sie genau so gut in Pelzstiefeln hätte drehen können. „Das wirkt aber nicht so echt“, meinte der TV-Profi.
Zu den gefährlichsten Drehszenen zählte neben den Rennszenen auf der Kitzbüheler „Streif“ (original Hahnenkamm-Rennstrecke) eine Feuerszene, bei der ein Stall angezündet wurde. „Wir gaben den Pferden vorher Beruhigungsspritzen. Trotzdem hatte ich ein ungutes Gefühl ganz knapp an sie heran zu gehen, um sie zu befreien“, erzählt Hansi.

Die arrivierten Schauspieler sind voll des Lobes über ihren neuen Kollegen. „Ich kannte Hansi schon von diversen Veranstaltungen und fand ihn immer wahnsinnig locker und nett. Dass er kein Profischauspieler ist, störte mich überhaupt nicht. Ich vertraute einfach darauf, dass er sich im Film genauso natürlich gibt, wie in Wirklichkeit“, sagt Anja Kruse. Auf die Frage, ob sie sich auch eine Bettszene mit dem begehrten Schlagerstar vorstellen könne, wich sie diplomatisch aus: „Ich glaube, der Hansi will das nicht. Außerdem könnten wir niemals glaubhaft ein Liebespaar darstellen.“
Begeistert auch Karina Thayenthaler: „Hansi ist so ein ehrlicher Mensch. Diese Rolle kommt ihm dabei sehr entgegen. Ich liebe seine Natürlichkeit!“

Mehr als 5 Millionen Zuseher saßen in Deutschland, über 1 Million in Österreich vor den TV-Geräten, da war es doch nur zu klar, dass man eine Fortsetzung realisierte:

„Da wo die Liebe wohnt“

So der Titel der Heimatsaga rund um Hansi Sandgruber. Wieder unter der bewährten Regie von Kurt Ockermüller und nach dem Drehbuch des Hansi-Intimus Edi Ehrlich wurde neben Tirol auch an der Cote d´Azur gedreht. Diesmal kämpft Hansi um sein Eheglück.
Im ORF war dieser Film bereits am 1.11.2002 zu sehen, die ARD ließ sich bis 20.4.2003 Zeit mit der Ausstrahlung.

Aber auch diese Produktion wurde wieder ein großer Publikumserfolg. Auch zum zweiten Teil des Fernsehfilms verfasste der Kirchberger Edi Ehrlich das Drehbuch.
Hansi Sandgruber, dargestellt von Musikstar Hinterseer, erlebt auch in dieser Folge Intrigen vom Feinsten: Der aus der Bundeshauptstadt Wien in seine Tiroler Heimat zurück gekehrte Hansi heiratet seine Jugendliebe, die Tierärztin Regina (Karina Thayenthal). Doch schnell muss er erkennen, wie leicht Idyll, Glück und Zufriedenheit seiner Familie in Gefahr geraten können, und wie sehr man dafür kämpfen muss. So sorgen Gerüchte um das Auftauchen des tot geglaubten Vaters seiner kleinen Nichte Sonja (Hansis Tochter Laura - unter dem Pseudonym Laura Ferrari) für Unruhe. Erzrivalin Viktoria Perterer

Ein ganzes Aufgebot wurde in Hansis Heimat Kitzbühel für die Filmhochzeit mit seiner Regina (K. Thayenthal) organisiert.

(Anja Kruse) lockt Bruder Franz in ihr Bett und nützt die finanzielle Abhängigkeit von Hansis Schwiegervater Brunner (Ernst Griesser) aus, um an die millionenschweren Wasserquellen der Sandgrubers zu kommen. Am meisten machen Hansi jedoch die Verführungsversuche seiner blutjungen, bildhübschen Angestellten Selina (Jannina Voosen) zu schaffen und vorerst ahnt niemand, dass auch dahinter ein wahnwitziger, verschrobener Plan Viktorias steckt, um den Familienzusammenhalt der Sandgrubers aufzubrechen.

Prominenz an der Seite von Hansi Hinterseer:
Ingrid Burkhard als Sandgruber-Mutter, Laura Ferrari als Hansis Nichte, Ernst Griesser und Johanna Lindinger als Hansis Schwiegereltern. Weiters die ehemaligen Skistars Toni Sailer und Franz Klammer, Jannina Voosen, Harry

Actionszenen dreht Hansi immer selbst, es gibt keine Stuntmen.

Die schöne, böse Viktoria (Anja Kruse) macht Hansi auch im 3. Teil der Serie das Leben schwer.

Blank, Erhard Koren, Franz Wilhelm, die Sängerin und zweifache Amadeus Award-Gewinnerin Zabine sowie viele andere prominente Gesichter. Hansi selbst spielt mit solch einer Natürlichkeit, dass man glauben würde, es sei ein Ausschnitt aus seinem eigenen Leben!

„Da wo die Herzen schlagen"

Diesmal kam ein neuer Regisseur zum Einsatz. Karl Kases, der schon fünf „Texas-Ranger-Serien" inszenierte. Diesmal kann Hansi sein skifahrerisches Talent gleichberechtigt mit seiner Schauspielkunst zeigen. Rasante Skisequenzen, Action mit Seilbahnen, gekonnte Großaufnahmen und Schnitte setzen die Filmhandlung rund um den Wilden Kaiser gekonnt in Szene. Die Handlung dreht sich wieder um Hansi Sandgruber und seine Familie. Auch diesmal

mimt Anja Kruse die Böse. Der Hof droht versteigert zu werden, der labile Bruder unter dem Einfluss der berechnenden Viktoria (Anja) wittert seine Chance. Aber der eiskalten Geschäftsfrau ist der Hof alleine zu wenig. Diesmal will sie dem Hansi das wertvolle klare Tiroler Bergwasser streitig machen und natürlich arbeitet sie auch wieder daran, den treuen Hansi rumzukriegen. In den Klatschspalten diverser Illustrierter konnte man zwar nachlesen, dass sich die kesse Deutsche nach Drehschluss, mehr für den attraktiven Produzenten Norbert Blecha interessierte, aber dieses Gerücht hat sich nie wirklich bestätigt.

Wir dürfen gespannt sein, wann die nächste Verfilmung der Alpinsaga mit Hansi geplant wird. Den Zusehern gefällt es, wenn Hansi Zeit genug hat und Edi Ehrlich neue Ideen. Wir dürfen gespannt in die Zukunft blicken.

Promis, Kollegen & Freunde über Hansi

Hansi im Bild mit Freund und Manager
Mag. Michael König, der ihm im harten
Musikbusiness den Rücken freihält
und ihm mit Rat und Tat zur Seite steht.

v.l.n.r.

Jack White

Karl Moik

Luis Plattner

Jack White über Hansis Erfolge:

„Was auch immer ich mit Hansi Hinterseer in den vergangenen zehn Jahren unserer Zusammenarbeit aufgenommen habe, es war von Erfolg gekrönt. Auf ihn passt das Märchen vom ‚Hans im Glück'. Privat wie geschäftlich sind Hansi Hinterseer und ich einander sehr verbunden."

Karl Moik über Hansi Hinterseer:

„Der Hansi hat ja bei mir im Stadl seinen ersten großen Fernsehauftritt als Sänger gehabt. Ich kann mich noch gut erinnern, wir haben ihn in einer Außenaufnahme in Schladming den Skihang runter wedeln lassen - und als er dann live in die Halle kam und ich sah, wie das Publikum auf ihn reagierte, da war mir klar: Hier kommt ein großes neues Talent auf die Showbranche zu. Ich freu mich für

den Hans, er hat in unserer Musikszene alles erreicht und ist immer der geblieben, der er war - ein netter, bescheidener Bursch, der weiß, was er seinen Fans verdankt."

Luis Plattner vom „Tiroler Echo"
über seine langjährige Zusammenarbeit mit Hansi:

„Es ist sehr angenehm mit ihm zu arbeiten, weil er überhaupt keine Starallüren hat. Seit sieben Jahren musizieren wir zusammen und er gibt uns immer das Gefühl, als ob wir eine große Familie wären. Er ist sehr hilfsbereit; wenn es jemandem in der Gruppe nicht gut geht, kümmert er sich um ihn. Man kann sich in jeder Beziehung auf ihn verlassen, er ist einfach ein Mensch wie du und ich, und ich hoffe, wir können noch lange miteinander musizieren."

v.l.n.r.

Hansi mit Antonia und Gerry Friedle

Toni Sailer, Karl Schranz und Hansi

Friedl Würcher (Nockalm Quintett) und Hansi

Der Hansi mit „Antonia und Anton aus Tirol".

Gerry Friedle und Hansi verbindet nicht nur die Tiroler Herkunft, nein, die beiden sind wohl die Namen, die man auch außerhalb des eingeschworenen Kreises der Volksmusik- und Schlagersänger kennt. So unterschiedlich ihr Karriereweg und die Einstellung zur Musik auch ist, beide schätzen einander sehr und beide haben einen unglaublichen Erfolgsweg an die Spitze der Charts und der Publikumsgunst geschafft. Antonia hat leider den damaligen Erfolgsweg verlassen und versucht sich nun unter anderem Namen mit mäßigem Erfolg im Popbereich zu verwirklichen.

Hansi und die Skilegenden Toni Sailer und Karl Schranz.

Der strahlende Gesichtsausdruck zeigt, dass sich Hansi im

Kreise der Skistars Toni Sailer und Karl Schranz besonders wohl fühlt. Die Skilegenden aus drei Epochen können über viele gemeinsame Erlebnisse aus dem Renngeschäft plaudern, hat doch jeder der drei ein Kapitel Skigeschichte geschrieben.

Nockalm Quintett-Chef und Kollege Friedl Würcher:
Der Chef des Nockalmquintetts ist oft gemeinsam mit Hansi auf der Bühne gestanden. Friedl über das Phänomen Hinterseer: „Er hat unsere Musikbranche sehr bereichert und das spricht Bände. Auch wenn manche vielleicht nicht meiner Meinung sind, ich bin jedenfalls ein Gönner, kein Neider - und vor allem ein Musikkollege. Hut ab vor seiner Leistung."

v.l.n.r.

Hansi und Arnulf Prasch

Hansi und Marianne Mendt

Hansi und Norbert Rier

Hansi - Stammgast bei Arnulf Prasch.

„Wenn die Musi spielt" gehört zu den Fixpunkten im Sendungskalender der Fans. Hansi ist dort ein gern gesehener Stargast. Arnulf Prasch über den Tiroler: „Der Hansi ist einer meiner Lieblingskollegen. Ganz am Anfang seiner Karriere war er schon bei uns und jeder im Team hat ihn auf Anhieb gemocht. Das hat sich jetzt, wo er ein Spitzenstar in der Szene geworden ist, nicht geändert. Er hat immens viel Disziplin und Können und lässt niemals den Star heraushängen. Er ist das geblieben, was er immer war - ein unheimlich sympathischer Kerl."

Marianne Mendt über den Publikumsliebling:

Die Grand Dame der österreichischen Musik, oder die Mutter des Austropops, wie sie ebenfalls genannt wird, war

bei Hansis Weihnachtsshow zu Gast und fand eigentlich nur Worte des Lobes für ihn. „Ich respektiere die Professionalität mit der der Hans für sein Publikum da ist. Ich glaub, das ist in dieser Form in der Musikbranche einmalig.“

Frontman der Kastelruther Spatzen
und Kollege Norbert Rier.
Nicht nur die Liebe zur Musik, sondern auch zu Heimat, Natur und Tiere teilen die beiden guten Freunde, Hansi Hinterseer und Norbert Rier von den Kastelruther Spatzen, miteinander.

v.l.n.r.

Hansi und Ivan Rebroff

Hansi, Romana und Maximilian Schell

Hansi und Wolfgang Ambros

Das Musik-Denkmal Ivan Rebroff:

„Ich bin ein ganz großer Freund und Bewunderer des smarten Kitzbühelers. Nachdem ich jetzt schon einige Male mit ihm zusammengearbeitet habe, kann ich sagen, dass sich der Hansi ständig weiterentwickelt. Egal ob er filmt oder singt - er ist mit Herz und Seele dabei."

Die Hinterseers und der große Maximilian Schell.

Beim Heurigen in Wien traf Hansi sein großes Idol Maximilian Schell. „Für mich war er immer einer der größten Schauspieler aller Zeiten. Dass ich, der Hansi aus Tirol, den großen Schell einmal persönlich kennenlernen würde, das hätte ich mir nie erträumt", war Hansi über die Begegnung sichtlich ergriffen. Zu Hansis 50er lud Carmen Nebel den weltberühmten Schauspieler als

Überraschungsgratulanten für Hansi in ihre Show ein. Es war eine wirklich gelungene Geburtstags-Freude für Hansi.

Die Nr. 1 vom Wienerwald - Wolfgang Ambros.

Was für die Schlager-Fans der Hansi, ist für die Austropop-Fans der Wolferl. Dass beide zusammen jemals singen würden, das hätte sich wohl keiner gedacht. Mittlerweile ist Wolfgang Ambros auch schon zu Gast in der „Herzlichst Hansi Hinterseer"-Show gewesen. Beide haben Respekt vor einander, denn jeder ist auf seinem Gebiet eine Klasse für sich. Gemeinsam haben die beiden auch ihre große Liebe für´s Skifahren und für das Land Tirol.

v.l.n.r.

Hansi und Barbara Wussow

Jack & Janine White, Hansi und Vicky Leandros

Norbert Blecha (Terra Film) und Hansi

Barbara Wussow: Er ist wirklich sehr charmant.

Im Rahmen von Dreharbeiten zu einer Show in Wien, trafen sich die beiden. Barbara: „Ich habe ja schon viel von Hansi Hinterseer gehört. Dass er ein toller Skifahrer und Sänger ist, war mir bekannt, ich muss ihm aber auch als Schauspieler großes Lob aussprechen und als Mann ist er äußerst charmant und höflich."

Nachbarn und Freunde:

Jack & Janine White und Vicky Leandros

Dieser Schnappschuss entstand beim allerersten Heim-Open Air in Kitz. Die Whites sind ja quasi Nachbarn von Hansi. Der internationale Gesangsstar Vicky Leandros hatte damals einen Gastauftritt.

Hansi und sein Film-Produzent Norbert Blecha.
Norbert Blecha (Terra Film Wien) hat immer an den Erfolg von Hansi als Schauspieler geglaubt. „Er und sein Team sind für die Filme „Da, wo die Berge sind“, „Da, wo die Liebe wohnt“ und „Da, wo die Heimat ist“ verantwortlich. „Viele haben die Geschichte vom Heimkehrer nach Kitzbühel mit Hans in der Hauptrolle als zu seicht abgelehnt. Ich habe immer gewusst, dass das ein Riesen-Publikumserfolg werden wird.“ - Sein Gefühl wurde belohnt, jede dieser TV-Ausstrahlungen hatte Millionenquoten.

v.l.n.r.

Hansi und Carmen Nebel

Stefanie Hertel & Stefan Mross und Hansi

Johannes Heesters und Hansi

Echte Freundschaft unter Kollegen:
Hansi und Carmen Nebel

Als die Gerüchte laut wurden, dass Hansi als Nachfolger für die Moderation von Carmens „Feste der Volksmusik" im Gespräch sei, konnten Kenner nur schmunzeln. „Der Hans hätte das doch gar nicht nötig. Seine eigene Show läuft doch blendend", hat auch Carmen dieses Gerücht stets kommentiert. Die beiden verbindet auch eine herzliche Freundschaft. Um die zu beweisen, war Hansi auch einer der Topgäste in Carmens erster neuer Show im ZDF.

Das Spitzentrio des volkstümlichen Schlagers:
Hansi, Stefanie Hertel & Stefan Mross

Das sind die echten „Grossen 3 der Volksmusik" in der Gunst des Publikums. Im vergangenen Sommer konnten

die Fans sie endlich auch einmal gemeinsam live auf der Open-Air-Bühne in Kitzbühel bewundern. „Was der Hansi da in seinem Heimatort jedes Jahr auf die Beine stellt, das ist eine Wucht“, sind sich Stefanie und Stefan einig.

Hansi zu Gast bei Jopie Heesters.
„Ich durfte mit Johannes Heesters ja schon für meine Show zusammenarbeiten. Das ist ein Profi der Etxraklasse und das in seinem Alter. Da war es für mich klar, dass ich trotz Tourstress und Magenverstimmung bei der Gala anlässlich des 100. Geburtstages nicht fehlen durfte. Er ist ja wirklich eine lebende Künstlerlegende“, erklärt Hansi sein nicht ganz so strahlendes Lächeln auf diesem Bild.

v.l.n.r.

Wolfgang Winheim

Stefan Pichl

Helmut Kases

Wolfgang Winheim,
Sportredakteur der Tageszeitung Kurier.

Hansi Hinterseers Musikrichtung löst nicht bei Jedermann Begeisterungsstürme aus. Im Skizirkus ist „Mr. Everblond" jedoch zeitlos beliebt. Vielleicht auch, weil der Kitzbüheler Sänger jegliche Art von Misstönen als ORF Ski-Kommentator vermeidet. Seit 1984 verkauft Hansi seinen Lieblingsport vor dem Mikro ausnahmslos positiv: „Aber i lass das Kommentieren sofort, wenn i amol merk, dass die Läufer fragen, was der alte Depp no will im Weltcup." Noch ist das nicht der Fall. Noch fliegen - nicht nur in Kitz - alle Hüttentüren auf, wenn H.H. in seinen Zottelmossnboots aufkreuzt, Dabei wissen viele junge Läufer gar nicht, welch begnadeter Ski-Ästhet Hansi einst gewesen war, und dass er seine Karriere schon in einem Alter beendet hatte, in dem sie für die aktuelle Renn-Generation erst beginnt.

Stefan Pichl,
Regisseur der „Herzlichst Hansi Shows“:
„Ich kenne den Hansi schon sehr lange. Er ist ein völlig unkomplizierter Mensch, der aber genau weiß, was er will und worauf es ihm ankommt. Wenn man das einmal erkennt und respektiert, dann kommt man mit ihm super gut aus. Er ist ein toller Kollege und Freund.“

Helmut Kases,
Regisseur des neuesten Filmes
„Da wo die Heimat ist“:
„Ich achte und schätze Hansi Hinterseer. Er arbeitet vor der Kamera mit seiner Kraft als Naturbursche.“

Der Familienmensch

Über 20 Jahre
Harmonie mit seiner
Ehefrau Romana.

Das Wichtigste in seinem Leben

So offen und zugänglich Hansi im Showgeschäft, mit der Presse und seinen Fans umgeht, so verschlossen gibt er sich meist bei privaten Fragen nach seiner Familie. „Ich will meine Mädls aus dem Geschäft raushalten. Meine Frau Romana ist das Beste, was mir passieren konnte."

Als er das bildschöne Model Romana im Rahmen einer Promotion-Tour bei der Eröffnung eines Fitness-Studios in Gstaad kennenlernte, schlug der sprichwörtliche Blitz ein. „Weihnachten 1982 war das, wir sind also schon fast seit 22 Jahren ein Liebespaar", lacht der blonde Charmeur.

„Sie ist meine Stütze und mein Hafen, wenn ich von Konzerten und Touren heimkomme. Dann will ich nur der Privatmann Hinterseer sein. Das ist in Kitzbühel auch bekannt und unsere Nachbarn und Freunde respektieren diese Privatsphäre auch."

Ab und zu soll es schon vorgekommen sein, dass Fans Taxifahrer oder andere „Einheimische" bestochen haben, um sich Hansis Privathaus anzusehen - bis knapp vor

Weihnachten des Vorjahres, lebte der Sänger ja mitten in Kitz. Sein neues Eigenheim, das er und Romana ganz individuell gestalten ließen, liegt etwas außerhalb auf der sonnigen Bichlalm - nicht weit von Jack Whites Anwesen entfernt. Eine gelungene architektonische Mischung von Tiroler Stil, der zur Landschaft gehört, italienischem Flair und Lebensgefühl, das Romana eingebracht hat.
Überhaupt scheint bei den Hinterseers der Sonnenschein auch daheim gepachtet zu sein, obwohl in der harmonischen Ehe das italienische Temperament von Romana auf den „Tiroler Sturschädl" von Hansi trifft.
Ein noch größeres Geheimnis macht Hansi aus dem Leben seiner Töchter Jessica (17) und Laura (15). Die beiden sollen

so „normal als möglich“ aufwachsen. Hansi versucht, die beiden aus dem Showgeschäft rauszuhalten, was jedoch zusehends schwieriger wird.
„Für meine Töchter (übrigens beide kleine „Löwinnen“, Jessica hat am 29. Juli und Laura am 23. Juli Geburtstag) ist es nicht leicht, Kinder eines Volksmusikstars zu sein. Sie müssen erst lernen, mit der Popularität umzugehen. Nicht immer ist es so, dass die Leute, die einem ‚Schön tun', auch wirklich ‚Gut tun'. Das ist natürlich im Alter meiner Töchter noch sehr schwer zu differenzieren.“
Im Großen und Ganzen ist Hansi aber der Vater, den sich Jessica und Laura wünschen. Er ist zwar konsequent, aber nie autoritär, und springt schon mal nach Mitternacht ins Auto, um eines seiner „Dirndln“ aus der Disco zu holen oder von einem Festl, das doch nicht so toll war, wie man sich's als Teenager oft vorstellt.

Hansi über die Auswirkungen seiner Popularität auf seine Persönlichkeit:

„Das Fundament dazu stammt aus meiner Kindheit. Ich habe sehr viel von meinen Großeltern und meiner Tante gelernt. Wir haben wenig gehabt. Ich bin arm aufgewachsen und trotzdem hatten wir auf der Seidlalm das Paradies vor der Tür und es war toll, dort in der Schönheit der Natur groß zu werden. Es war zeitweise nicht einfach da oben, aber wir waren zusammen, - wir waren eine Familie. Dann hat mich der Sport geprägt, das Lernen, mit Erfolg und

Gemeinsames Lieblingshobby von Hansi und Romana – die Aquarellmalerei.

Niederlage umzugehen. Das alles spielt eine große Rolle, gerade in jungen Jahren, wo man noch nicht so gefestigt ist. Das alles hat mir geholfen, der zu werden, der ich heute bin. Auf die Menschen zuzugehen, war eigentlich nie ein Problem für mich und hat mir sehr geholfen. Aber das Größte und Prägnanteste war sicher das Großwerden bei meinen Großeltern und bei meiner Tante.“

Hansi über den Alltag in Kitzbühel:

„Die Kitzbüheler wissen, dass ich einfach ‚nur der Hansi' bin, und ich gehe genauso normal über die Straße, wie der Sepp, der Franz oder der Toni. Ich fühle mich wohl daheim und wir versuchen, auch die Kinder im gleichen Sinn zu erziehen."

„Ich bin stolzer Kitzbüheler, in Kitzbühel geboren und auf der Alm, am Berg, aufgewachsen. Für mich ist Kitzbühel der schönste Platz auf der Welt, meine Familie und ich fühlen uns hier am wohlsten!"

Seine Naturverbundenheit lebt Hansi zu jeder Jahreszeit voll aus.

Hansi über die Mode:

„Ich gehe in dieser Beziehung einfach meinen Weg, und ziehe das an, was mir gefällt. Ich gehe nicht nach der Mode, das ist mir gleich. Ich muss mich wohlfühlen und so mache ich das. Mit meinen Haaren ist das genauso. Ich muss sie auf dem Kopf tragen und nicht andere."

Hansis Markenzeichen - Die weißen Fell-Moonboots.

Mittlerweile hat sich Hansis Vorliebe für die weißen, pelzigen Moonboots regelrecht zu einem „Must-have" der Wintermode entwickelt. Seine Vorreiterrolle als Trendsetter

wird zwar immer wieder spöttisch belächelt, dennoch sind diese weißen Fellboots mittlerweile aus den Nobelskiorten nicht mehr weg zu denken. Bei tiefen Temperaturen garantieren sie auch dann noch warme Füße, wenn die meisten in Synthetikschuhen eingebetteten Zehen zu Eiszapfen erstarrt sind. Das Geheimnis hinter den warmen „Hansi-Fellstiefeln“: Das Fell stammt von der Tibetlanghaarziege, ein Tier also, das mit den widrigsten Umweltbedingungen der Himalayaregion bestens zurecht kommt. – Somit die beste Winterausrüstung für stundenlange Spaziergänge durch die herrlich verschneite Kitzbüheler Winterlandschaft.

Hansi über Freundschaft:

Freunde und Familie ist eins für mich. Man weiß aber erst bei Erfolg oder Misserfolg, ob man Freunde hat oder nicht. Da habe ich schon viel erlebt. Ich habe halt sehr viele gute Bekannte. Ein wirklich guter Freund ist der Hans Czappek („Czappi“), den ich von klein auf kenne, und der ein wahrer Begleiter in meinem Leben ist.“

Hansi ganz persönlich:

Geboren am:	2. Februar 1954
Geburtsort:	Kitzbühel in Tirol
Familienstand:	Seit Mai 1986 mit Romana (46, Ex-Model) verheiratet, (davor von 1975-1979 mit seiner ersten Frau Anneliese).
Kinder:	Zwei bezaubernde Töchter – Jessica (17) und Laura (15)
Erlernter Beruf:	Einzelhandelskaufmann
Hobbys:	Schifahren, Golf, Fußball, Tennis und Malen
Lieblingsfarbe:	Rot und Pastellfarben
Lieblingsspeise:	Spaghetti Carbonara (mit echtem Tiroler Speck!) sowie der Stadlpost-Honiglebkuchen.
Lieblingsbuch:	Der kleine Prinz
Lieblingstier:	Alle, besonders die vierbeinigen.
Lieblingspflanze:	Edelweiß und Oleander
Lieblingsfilm:	Alte Hollywood-Romanzen
Lieblingsmusik:	Alles, von Volksmusik bis Klassik, je nach Stimmung.
Traumurlaubsziel:	Meine Heimat Österreich und das Meer.
Lebensmotto:	Leben und leben lassen!
Lebenstraum:	Mein Leben ist ein Traum, dafür bin ich sehr dankbar.

Was bedeutet für dich:

Familie:	Das Wichtigste in meinem Leben.
Glück:	Mein Leben
Heimat:	Meine Wurzeln – die sind in Kitzbühel und dort fühle ich mich am wohlsten.
Liebe:	Wahre Liebe ist das tiefste und wichtigste aller Gefühle.
Treue:	Voraussetzung für eine glückliche Beziehung.
Angst:	Kenne ich nicht, außer vor dem Krieg.
Politik:	Die Lehre von der Staatsführung – dafür interessiere ich mich nicht sehr.

Urlaub:	Ausspannen, gemeinsame Stunden mit meiner Familie – egal wo das ist
Dummheit:	Ein gefährliches Übel der Menschheit
Schönheit:	Die Natur und bei den Menschen sind es die inneren Werte, die Schönheit widerspiegeln
Dankbarkeit:	Ich bin unendlich dankbar für mein Leben. Es sind so viele Kleinigkeiten, die viele Menschen nicht mehr erkennen. Neben der Gesundheit zählen für mich Momente des Glücks – sei's ein Sonnenaufgang in den Bergen, das Lächeln meiner Frau und meiner Kinder oder die ersten Blumen nach der Schneeschmelze.

	Da gibt es so viel, wofür ich dankbar bin. Ich bete jeden Tag zu unserm Herrgott, weil ich weiß, dass das alles nicht selbstverständlich ist!
Glaube:	Ich schöpfe sehr viel Kraft aus meinem Glauben an Gott.
Tod:	Der Tod ist Bestandteil unseres Lebens. Er gehört dazu wie die Geburt. Ich habe keine Angst, denn Gott wird mich auch auf diesem Weg begleiten.
Weihnachten:	Die schönste und besinnlichste Zeit des Jahres. Die Feiertage verbringen wir immer ganz ruhig zu Hause und genießen die Verbundenheit und Wärme in der Familie.

Hansi Hinterseer

CD Programm

„Best of - Seine schönsten Lieder"
CD 82876 51549 2

Bisher erschienen:

„Wenn man sich lieb hat"
CD/MC 74321 25913 2/4

„Träum' mit mir"
CD/MC 74321 38890 2/4

„Ich warte auf Dich"
CD/MC 74321 48245 2/4

„Du bist alles"
CD/MC 74321 58771 2/4

„Mein Geschenk für Dich"
CD/MC 74321 68189 2/4

„Weihnachten mit Hansi"
CD/MC 74321 69143 2/4

„Amore Mio"
CD/MC 74321 77828 2/4

„Dann nehm ich dich in meine Arme"
CD/MC 74321 87742 2/4

„Vater, dein Wille geschehe"
CD/MC 74321 90046 2/4

„Meine Lieder, Deine Träume"
CD/MC 74321 87742 2/4

„Goldene Weihnacht"
CD/MC 74321 96702 2

„Danke für Deine Liebe"
CD 82876 55148 2

Hansi Hinterseer

Fan-Clubs

Österreich

Evelyn Haas
PF 124, A-1183 Wien

Edith Koch
Etrichstraße 15-19/2/5
A-1110 Wien
Edith.koch@chello.at

Silke Scharf
Hägerau 24a
A-6655 Steeg im Lechtal
g.bergheimat@gmx.at

Deutschland

Brigitte Muth
Oeynhausener Straße 10
D-32584 Löhne

Marina Nouvortne
Bahnhofstraße 6°
D-56112 Lahnstein

Gabi Seidel
PF 23, D-08356 Grünhain

Beatrix Schelling
Römerstr. 34, D-89077 Ulm

Marion Baist
Starkenburger Straße 68
D-60386 Frankfurt
Marion21459@aol.com

Marion Cawelius
Reisstraße 24
D-13629 Berlin

Peter Görg
Alloheim Senires-
Residenz AG
Tersteegenstraße 77
D-40474 Düsseldorf

Niederlande

Desiree Hochstenbach
Bostrop 433
NL-6462 Kerkrade

Schweiz

Evelyn Hügli
Schwabstraße 72/5
PF 578
CH-3018 Bern

Marlies Weiss
Hofstraße 3
CH-8707 Uetikon a. S.

Dänemark

Grete Ipsen
Kirstensvej 7 Humtum
DK-7600 Struer
bmbmb@image.dk

Frankreich

Marie Therese Winling
9 A, route de Woerth
F-67250 Kutzenhausen
Guy.winling@wanadoo.fr

Zwei starke Partner

Ihre Stars hautnah!

Regelmäßig alle Fakten und Neuigkeiten über die beliebtesten Stars – immer aktuell, die „Stadlpost". Alle Hintergründe und die ganz persönliche Erfolgsstory Ihrer Lieblingsstars zum Sammeln, Schmökern und Nachlesen in der wertvollen Buchreihe „Edition Stars & Storys" des Verlag 66. – Zwei starke Partner für die besten Informationen und die aufregendsten Bilder der beliebtesten Stars.

www.stadlpost.at
www.verlag66.at

Nachbemerkung

Während der Vorbereitungen für dieses Buch war ich oft an dem Punkt zu sagen - ich kann's nicht - ich lass es bleiben. Schließlich war es für mich „das erste Mal".
Ich möchte mich daher herzlich bei Reinhard Wanzenböck und Theo Kust vom Verlag 66 bedanken, die mich gleichsam wie mit einer Supervision durch dieses Projekt getragen haben. Danke auch an meinen Freund und Artdirektor Mag. Gottfried Halmschlager, der mir bei der Aufbereitung des Fotomaterials unglaublich behilflich war. Elisabeth, die mir in der Redaktion den Rücken freihielt und mir beim Schreiben des Manuskripts ihre flinken Finger lieh. Claudia, die allerlei Infos über Telefon, Internet und Archive zusammenkratzen musste. Andrea, meiner fleißigen Fotografin, die quer durch Europa saust, um die schönsten Hansi-Bilder zu bringen.
Dank auch an Hansi Hinterseer, der es mir mit seinem Fleiß ermöglicht hat über all die Dinge zu schreiben, die er in seinem Leben vollbracht hat und auch dafür, dass er in dieser manchmal unerfreulichen Zeit, einer der letzten Garanten für eine heile, faire Welt ist - nicht nur für mich, sondern auch für die Millionen seiner Fans.

Eure
Eva Mang

Edition Stars & Storys

ISBN 3-902211-12-1

ISBN 3-902211-18-0

Weitere Bände in Vorbereitung!

ISBN 3-902211-17-2

ISBN 3-902211-20-2

ISBN 3-902211-15-6

ISBN 3-902211-01-6

ISBN 3-902211-07-5

ISBN 3-902211-11-3

ISBN 3-902211-10-5

ISBN 3-902211-06-7

ISBN 3-902211-08-3

Erhältlich überall wo es Bücher gibt!

VERLAG 66